BEI GRIN MACHT SICH IHR WISSEN BEZAHLT

- Wir veröffentlichen Ihre Hausarbeit, Bachelor- und Masterarbeit

- Ihr eigenes eBook und Buch - weltweit in allen wichtigen Shops

- Verdienen Sie an jedem Verkauf

Jetzt bei www.GRIN.com hochladen und kostenlos publizieren

Britta Baier

Was lange währt, wird endlich besser - die Überaumsituation an der Musikhochschule Saar

GRIN Verlag

Bibliografische Information der Deutschen Nationalbibliothek:

Die Deutsche Bibliothek verzeichnet diese Publikation in der Deutschen National-
bibliografie; detaillierte bibliografische Daten sind im Internet über http://dnb.d-
nb.de/ abrufbar.

Impressum:

Copyright © 2010 GRIN Verlag, Open Publishing GmbH
Druck und Bindung: Books on Demand GmbH, Norderstedt Germany
ISBN: 978-3-640-84372-5

Dieses Buch bei GRIN:

http://www.grin.com/de/e-book/167905/was-lange-waehrt-wird-endlich-besser-die-
ueberaumsituation-an-der-musikhochschule

GRIN - Your knowledge has value

Der GRIN Verlag publiziert seit 1998 wissenschaftliche Arbeiten von Studenten, Hochschullehrern und anderen Akademikern als eBook und gedrucktes Buch. Die Verlagswebsite www.grin.com ist die ideale Plattform zur Veröffentlichung von Hausarbeiten, Abschlussarbeiten, wissenschaftlichen Aufsätzen, Dissertationen und Fachbüchern.

Besuchen Sie uns im Internet:

http://www.grin.com/

http://www.facebook.com/grincom

http://www.twitter.com/grin_com

Universität des Saarlandes

Fachrichtung 4.1 Germanistik

HS Textlinguistik und der wissenschaftliche Text – eine Schreibwerkstatt

WS 2009/2010

Was lange währt, wird endlich besser-

die Überaumsituation an der Musikhochschule Saar

Britta Baier

Fächerkombination: Germanistik, Musik

Angestrebter Studienabschluss: Staatsexamen

5. Fachsemester

Datum: 30.03.2010

„Müssen sie denn wirklich soviel üben?", fragt mich der Mann an der Pforte verständnislos. Der Ehrgeiz von zahlreichen Studenten vor seiner Tür, die alle auf einen der begehrten Räume warten, zehrt an seinen Nerven. Warum er manche von uns ab morgens um acht Uhr in der Hochschule sieht, will ihm nicht in den Sinn. Ich wiederum bin über die Frage verwundert. Unter Musikern wird sie nicht gestellt, es ist eine Selbstverständlichkeit, dass das Beherrschen eines Instruments Übung voraussetzt. Dieser Gegensatz führt häufig zu Streit zwischen den Studenten auf der einen Seite, für die ganz klar ist, dass sie üben müssen, und den Angestellten in der Verwaltung auf der anderen, die nicht verstehen, warum eigentlich. Für mein nächstes Gespräch mit dem Pförtner möchte ich fundierte Antworten auf die Fragen finden: 1. Wozu braucht man Üben überhaupt? und 2. Muss dieses Üben regelmäßig stattfinden? Die Fragen mögen banal klingen, die wissenschaftlichen Antworten sind jedoch interessant. In einem Artikel der Zeit mit dem Titel *Wenn üben glücklich macht*, schreibt Reinhard Kahl: „10.000 Stunden, so zeigen übereinstimmend Hirnforscher und andere Wissenschaftler, braucht man, um eine Sache gut zu können."[1] Das ist ja nun etwas vage formuliert, denn ‚eine Sache' kann schließlich vom Aufheben eines Streichholzes bis zu Schumanns Klavierkonzert alles bedeuten. Doch ich will trotzdem einmal von dieser Zahl ausgehen: 10.000 Stunden wären bei regelmäßigem Üben von zwei Stunden jeden Tag circa 14 Jahre. Doch wozu, und das ist die implizierte zweite Frage des Pförtners, müssen Instrumentalisten jeden Tag üben? Sie könnten ja auch, um einmal bei den 10.000 Stunden zu bleiben, statt zwei Stunden jeden Tag nur jeden dritten Tag kommen und an diesen Tagen sechs Stunden üben? In diesem Fall könnte sich der Student einen Tag wählen, von dem er weiß, dass der Andrang auf die Überäume gering ist. Als Gegenargument wähle ich einen Hinweis des Musikpädagogen Anselm Ernst, der unter seinen wichtigsten Überegeln darauf hinweist, wie wichtig es sei, „regelmäßig [zu] üben; unregelmäßiges Üben oder zu große Abstände zwischen den Übe-Perioden bewirken, daß das bereits Gelernte wieder verlorengeht."[2] Ähnliche Formulierungen finden sich in den meisten musikpädagogischen Schulen. Ich zitiere Ernst, weil es sich dabei um ein sehr angesehenes und noch recht aktuelles Werk handelt. Sowohl wissenschaftlich als auch pädagogisch wurde ich also in der intuitiven Annahme bestärkt, dass ich üben muss und soll. Und vor allem Pianisten, Sänger und Blechbläser

[1] http://www.zeit.de/online/2008/36/lernen-ueben-musik .

[2] Ernst, Anselm: Lehren und Lernen im Instrumentalunterricht. Ein pädagogisches Handbuch für die Praxis. Mainz 1999. S. 47

benötigen zum Üben einen Überaum, wenn sie nicht den Zorn ihrer Nachbarschaft auf sich ziehen wollen. An der Musikhochschule Saar existieren sieben ganztägige Überäume von durchschnittlich 10 Quadratmetern. Drei dieser Räume verfügen über Flügel (Raum 106, 108 und 109), zwei beinhalten Klaviere ((Raum 107 und 129). Die Räume 105, in dem ein Cembalo steht (ein barocker Vorläufer des heutigen Klaviers), und 110, der über kein Tasteninstrument verfügt, können von den wenigsten Studenten genutzt werden. Der Bedarf nach einem Tasteninstrument auch bei Studenten, die ein anderes Hauptfach studieren, ergibt sich aus mehreren Gründen: Schulmusikstudierende mit einem anderen Hauptfach als Klavier belegen automatisch Klavier als Nebenfach und erhalten wöchentlichen Unterricht. Zusätzlich belegen alle Schulmusikstudierenden das Fach Schulpraktisches Klavierspiel, in dem Spieltechniken speziell für den Musikunterricht vermittelt werden. Studierende mit Hauptfach Gesang üben häufig Werke mit Klavierbegleitung, die sie kennen sollten, um sich beim Vorsingen im Unterricht daran zu orientieren. Instrumentalisten benötigen zum Stimmen ihres Instrumentes den Ton a' beziehungsweise b, und nutzen zudem das Klavier als Intonationskontrolle. Ab 19 beziehungsweise 20 Uhr können auch die Räume 130 bis 140 vergeben werden, wenn nicht auf der Belegliste vermerkt ist, dass in einem Raum länger unterrichtet wird oder dort Ensemblegruppen proben. Seit dem WS 2010 dürfen auch die sechs Studios, die im neueren Gebäudeteil liegen, vergeben werden. Allerdings sind diese meist von den Professoren bis 20 Uhr gebucht. Zusätzlich bestehen für Studio 1, 2, 5 und 6 besondere Regelungen: Studio 1 ist für Schulmusikprojekte vorgesehen, Studio 2 ist für Schlagwerker reserviert. Für Studio 5 erhalten Jazzstudenten den Schlüssel, während Studio 6, weil es im Keller liegt, den Blechbläsern vorbehalten sein soll. Im Idealfall werden an der HfM Saar also 23 Räume an Übende vergeben. Die Anzahl der eingeschriebenen Studenten steigt stetig und betrug im Jahr 2008 394 Studierende. Bis zum Sommer 2008 wurden jeden Tag Listen für den Folgetag ausgehängt, in denen sich die Studenten für jeweils zwei Stunden eintragen konnten. Dieses System wies vor allem zwei Schwachstellen auf: zum einen wurden die Listen morgens ausgehängt, zu Zeiten, in denen Studierende des Bereichs Orchestermusik noch keine Proben haben, Studierende der Schulmusik jedoch häufig Seminare. Da die Listen spätestens eine Stunde nach Aushang gefüllt waren, bestand für Studierende mit einem umfangreichen Stundenplan zur Mittagszeit bereits keine Chance mehr, einen Raum für den nächsten Tag zu bekommen. Das zweite Problem ergab sich daraus, dass

Studenten koreanischer Herkunft mit Schriftzeichen unterschrieben. Da die Unterschiede zwischen den verschiedenen Schriftzeichen für Unkundige kaum erkennbar sind, konnte nicht kontrolliert werden, ob sich einzelne Studenten mehrmals für denselben Tag eingetragen hatten. 2008 wurde ein neues System ohne Vorreservierungen eingeführt.

Ein Student, der heute üben möchte, fragt an der Pforte nach einem freien Raum. Wenn ein Raum verfügbar ist, wird er vom Pförtner für zwei Stunden vergeben bzw. für eine Stunde, wenn der Betreffende am selben Tag schon geübt hat. Der Student gibt seinen Studentenausweis ab und unterschreibt für den Erhalt des Schlüssels. Wenn kein Raum frei ist, kann der Pförtner in der Liste einsehen, welcher Raum zunächst frei wird, und den Raum für diesen Studenten reservieren. Sollte der Schlüssel dann vor Ablauf der zwei Stunden zurückgegeben werden, so wird der Reservierende aufgerufen. Zu diesem Zweck muss er sich im Flur vor der Pforte aufhalten, sonst verfällt die Reservierung. Für alle Räume, die keine ganztägigen Überäume sind, werden täglich Belegungslisten erstellt. Die Belegung wird zusätzlich durch Schilder an den jeweiligen Räumen angegeben. Häufig stimmen diese Informationen jedoch nicht überein, so dass ein Raum, der an der Pforte als nicht belegt gilt, ein Belegungsschild an der Tür hat. Der Student muss dann den Schlüssel zurückbringen, sich austragen und auf einen neuen Raum warten. Auch der umgekehrte Fall tritt auf: ein Raum ist offiziell von 9 Uhr bis 23 Uhr gebucht, es finden jedoch nur 4 Stunden Unterricht statt. Dieser Umstand führt dazu, dass Studenten, die an der Pforte die Auskunft erhalten, dass momentan kein Raum frei sei, trotzdem ‚nach alter Manier' die Hochschule absuchen, in der Hoffnung, einen überbuchten Raum zu finden. Trotz dieser noch verbleibenden Probleme wird das neue System vor allem von Studierenden, die viele Veranstaltungen besuchen, als positive Änderung empfunden, weil es gegenüber der Regelung mit Vorreservierung flexibler ist.

Seit 2007 wurde zur Entlastung des Raumsystems das Gebäude der ehemaligen Schillerschule an die Hochschule für Musik (HfM) Saar angeschlossen.[3] Jedoch wurden die Hoffnungen der Studenten, in den neuen Räumlichkeiten üben zu können, anfangs nicht erfüllt. Die Hochschulleitung bestand darauf, dass in der Schillerschule nur unterrichtet, nicht jedoch geübt werden durfte. Als Begründung wurden einzelne Vorfälle angeführt, bei denen Räume durch Studenten stark verschmutzt und Instrumente beschädigt worden seien. Protokolle dieser Vorfälle waren weder über den

---

[3]http://de.wikipedia.org/wiki/Hochschule_für_Musik_Saar

Asta der HfM noch über den technischen Dienst einsehbar. Im WS 09/10 wurde ein Kompromiss zwischen den Forderungen der Studenten und den Bedenken der Hochschulleitung gefunden: In der Schillerschule findet seit diesem Semester eine gesonderte Überaumvergabe ab 19 Uhr statt. Es handelt sich dabei um 19 Räume von durchschnittlich 22 Quadratmetern, die alle mit Flügeln der Marke Steinway oder Bechstein ausgestattet sind. Die Akustik der Räume ist aufgrund ihrer Größe, der besseren Isolierung und der Teppichböden wesentlich angenehmer und funktionaler für die Musizierenden. Die Schlüsselvergabe übernehmen in diesem Gebäude Studenten, die in Schichten von jeweils zweieinhalb Stunden arbeiten. Nach einer Schicht kontrolliert der Vorgänger alle Überäume, die er vergeben hat. Durch diese Regelung können bei Verschmutzung der Räume oder Beschädigung der Instrumente die Verantwortlichen zugeordnet werden. Studenten mit Blechblasinstrumenten wie Trompete, Horn und Posaune dürfen in der Schillerschule nicht üben, da sich Bewohner benachbarter Häuser bereits über die Lautstärke der Instrumente beschwert haben.

Eine weitere Verbesserung stellen die Umbaumaßnahmen an den ganztägigen Überäumen während der Semesterferien des WS 2010 dar. Aufgrund zahlreicher Diebstähle werden Fenster und Fassungen erneuert und mit Schlössern versehen. Insgesamt soll die Isolierung verbessert werden: ein Problem der Räume stellten vor allem die Steckdosen dar, die ohne entsprechende Verkleidung den Schall ungedämpft von einem in den anderen Raum leiteten. Der Asta hatte im WS 2009 mit Plakaten wie „Crazy shit, man! Ich kann durch Steckdosen hören" oder „In Raum 110 fühl ich mich pudelwohl!" gegen die Zustände der ganztägigen Überäume protestiert.[4]

Es sind also schon wesentliche Verbesserungen für die Studenten spürbar. Trotzdem gibt es noch Möglichkeiten, das System effizienter zu machen:

1. Die Regelungen für Studio 1, 2, 5 und 6 müssen klar formuliert werden. Momentan wissen die Angestellten der Hochschule und die Studenten, die an der Pforte arbeiten, nur, dass sie die Studios eher an Studierende der jeweiligen Studienrichtung als an andere Studenten vergeben soll. Aber was heißt das in der Praxis? Soll an einen wartenden Studenten, der kein Blechblasinstrument spielt, Studio 6 nicht vergeben werden, auch wenn kein Blechbläser da ist, der einen Überaum sucht? Soll der Student üben dürfen, den Raum aber verlassen müssen, sobald ein Blechbläser einen Raum sucht? Eine gute Neuerung wäre jedenfalls, zusätzlich zu den Namen die Instrumente

---

[4] Anmerkung: Raum 110 ist, neben dem Nachteil, kein Klavier zu besitzen, auch neben einer Außentreppe gebaut, was dazu führt, dass der Raum ganztägig dunkel ist.

der Studierenden auf der Belegliste zu notieren, um die Räumlichkeiten besser den jeweiligen instrumentalen Bedürfnissen anpassen zu können.

2. Es darf nur noch einen Schlüssel pro Raum geben. Auf diese Weise wäre an der Pforte sofort offensichtlich, welche Räume frei und welche noch durch Unterricht belegt sind. Es gäbe keine Probleme mehr durch Widersprüche zwischen den Listen an der Pforte und Aushängen an den Räumen, und ganztägige Scheinbelegungen würden entfallen. Professoren und Dozenten würden ihre Schlüssel wie die Studenten an der Pforte abholen und zurückgeben.

3. Verschmutzungen der Räume müssen konkrete Folgen für die Verursacher haben und dürfen nicht mehr als Totschlagargument gegen die gesamte Studentenschaft verwendet werden.

Alternativen werden beispielsweise an der HfM in Karlsruhe umgesetzt. Diese Hochschule stellt ihren Studenten ein eigenes Gebäude zur Verfügung, das ausschließlich zum Üben genutzt wird. Dieses Gebäude, der Römerbau, verfügt über 36 Überäume von 10–12 Quadratmetern. Der Zugang zum Gebäude erfolgt über eine Chip-Erkennung der Studentenausweise, die Raumvergabe wird von den Studenten selbstständig organisiert. Im Eingang des Römerbaus hängen Listen, in denen sich die übenden Studenten für zwei Stunden eintragen. Sucht ein Student einen Überaum, kann er auf dem Plan einsehen, welcher Raum frei wird. Dieses System hat gegenüber dem der HfM Saar zahlreiche Vorteile: das Geld, von dem ein Pförtner für dieses Gebäude bezahlt würde, kann eingespart werden und stattdessen in die Ausstattung der Räume fließen. Es gäbe keine Probleme mehr mit der Schlüsselrückgabe, wie sie an der HfM Saar beispielsweise entstehen, wenn die Pforte kurzzeitig nicht besetzt ist. Dadurch dass die Studenten selbst Einsicht in die Liste haben, können sie sich einen kompletten Überblick über die Belegung machen. Wenn ein Student einen frei werdenden Raum verpasst hat, kann er anhand der Listen seine Wartezeit absehen und seinen Tagesablauf planen. Auf die Bedürfnisse der einzelnen Instrumentengruppen wird an der HfM Karlsruhe eingegangen: das Sängerhaus und das Bläsergebäude sind gut isoliert, sodass Anwohner nicht belästigt werden. Auch in diesen separaten Gebäuden funktioniert der Zugang über den Chip im Studierendenausweis: nur Studierende der Sänger- bzw. Bläserklassen erhalten hier Zutritt. Eine ähnliche Regelung währe für die Studios der HfM sehr wünschenswert. Selbstverständlich ist es ein Argument, dass Baden-Württemberg mit einem BIP von 352, 6 Milliarden Euro das reichste Bundesland

Deutschlands ist.[5] Andererseits ist das Saarland mit 9,346 Milliarden von allen Bundesländern am geringsten verschuldet.[6] Doch nicht nur ein größeres Budget, auch kreative Lösungen können zu Verbesserungen führen. Beispielsweise motiviert die Hochschulleitung der HfM Karlsruhe durch ein Stuhlpatenschaften-Projekt Außenstehende zur Unterstützung der Hochschule. Für 500 Euro erkaufen sich Spender eine Stuhlpatenschaft und erhalten zum Dank eine Namensplakette auf ‚ihrem' Stuhl im geplanten Konzertsaal. Zudem wird für diese Stuhlpaten ein Sonderkonzert gegeben.[7] Durch ein ähnliches Projekt könnte auch die HfM Saar in Zukunft Interessierte zur Unterstützung von Bauvorhaben motivieren.

Zusammenfassend lässt sich festhalten, dass bereits viele Entwicklungen an der Musikhochschule Saar in die richtige Richtung gehen. Bei den noch bestehenden Problemen wären durch geringen Aufwand wesentliche Verbesserungen möglich, für welche die HfM Karlsruhe wunderbare Anregungen gibt. Zusätzlich ist ein verstärkter Dialog von Hochschulleitung und Verwaltung mit den Studenten wünschenswert, damit gegenseitiges Verständnis für bestehende Probleme entsteht. Auf diese Weise können Lösungen gefunden werden, die allen ein freudiges und konzentriertes Arbeiten möglich machen.

---

[5] http://www.statistik-portal.de
[6] Ebd.
[7] http://www.hfm-karlsruhe.de

Literaturverzeichnis

Ernst, Anselm: Lehren und Lernen im Instrumentalunterricht. Ein pädagogisches Handbuch für die Praxis. Mainz 1999.

http://www.hfm-karlsruhe.de, 26.03.2010, 20:21

www.hfm.saarland.de/presseinfo.html, 26.03.2010, 11:35

http://www.statistik-portal.de, 28.03.2010, 18:02

http://de.wikipedia.org/wiki/Hochschule_für_Musik_Saar, 25.03.2010, 18:10

http://www.zeit.de/online/2008/36/lernen-ueben-musik, 20.03.2010, 17:15